Copyright © 2017 Dea Bernadette D. Suselo
All rights reserved.

ISBN-13: 978-1975733285
ISBN-10: 1975733282

www.facebook.com/DeaBernadette

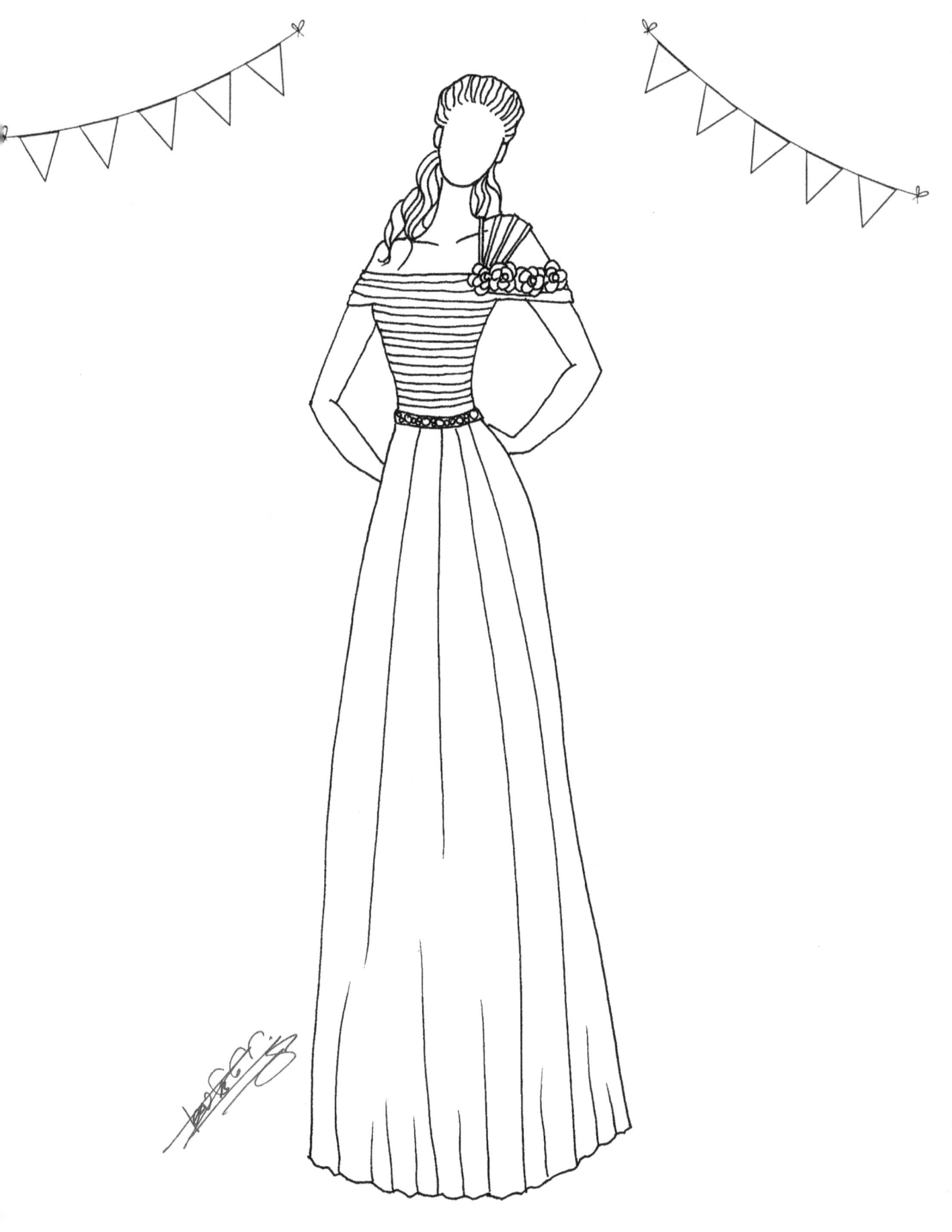

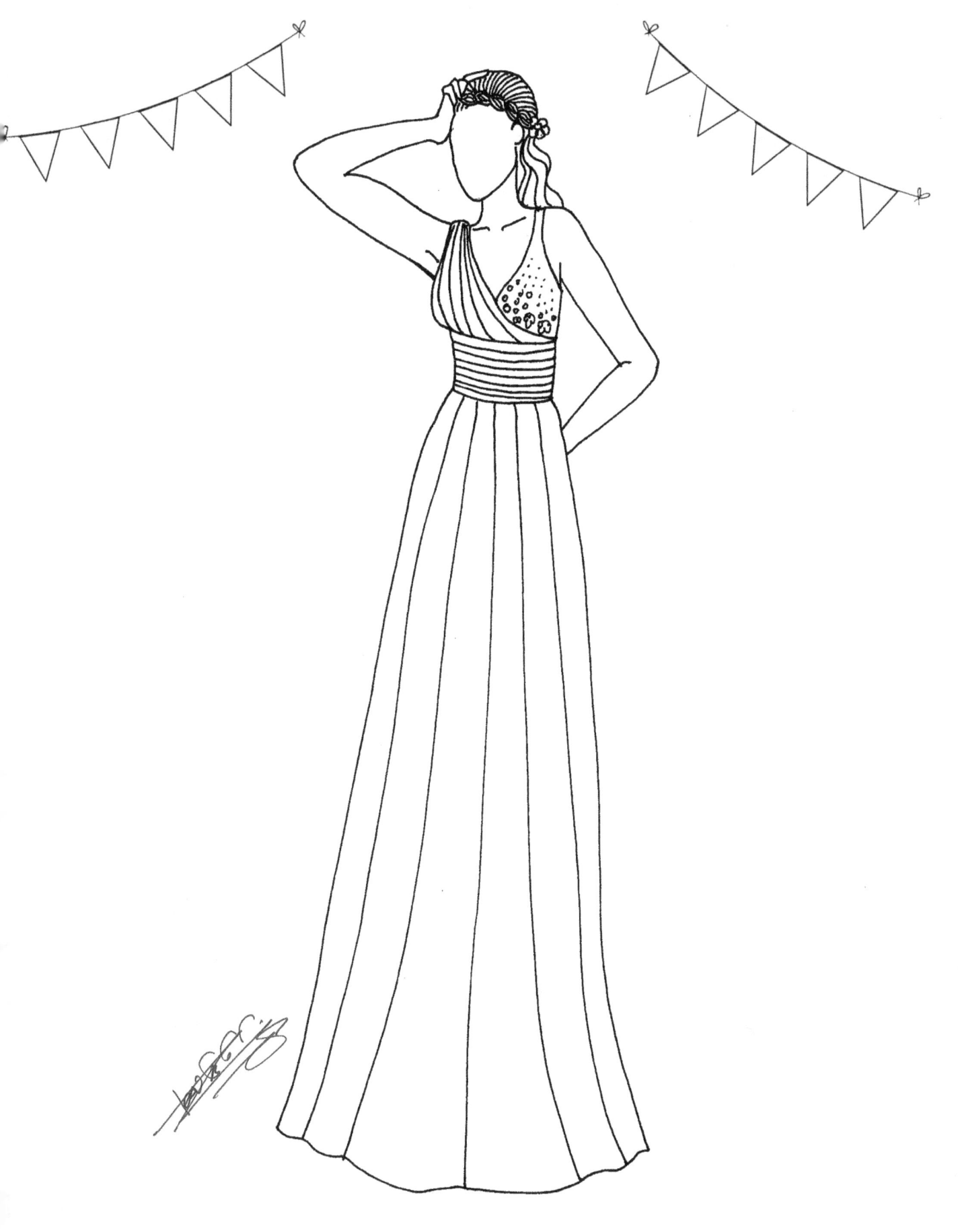

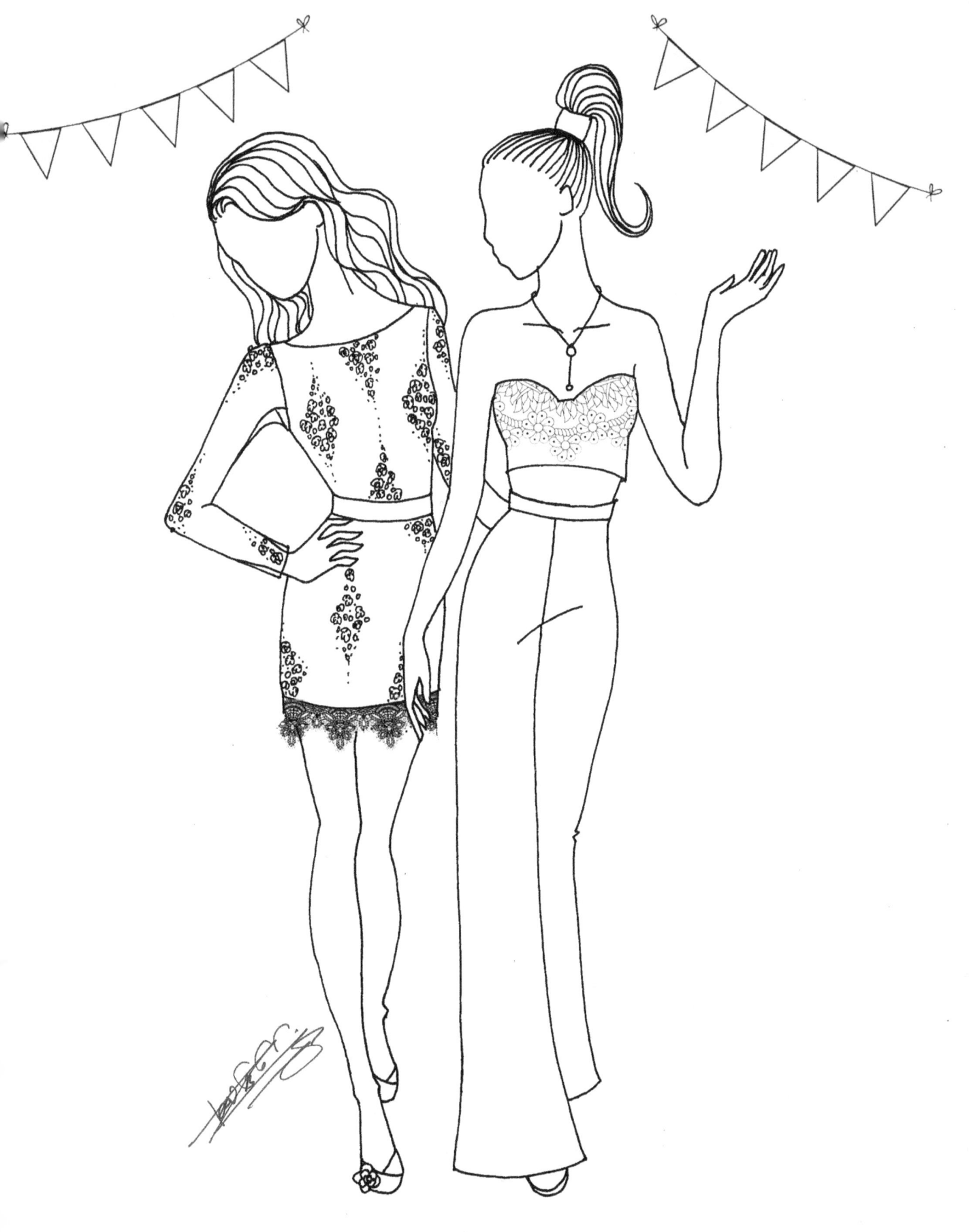

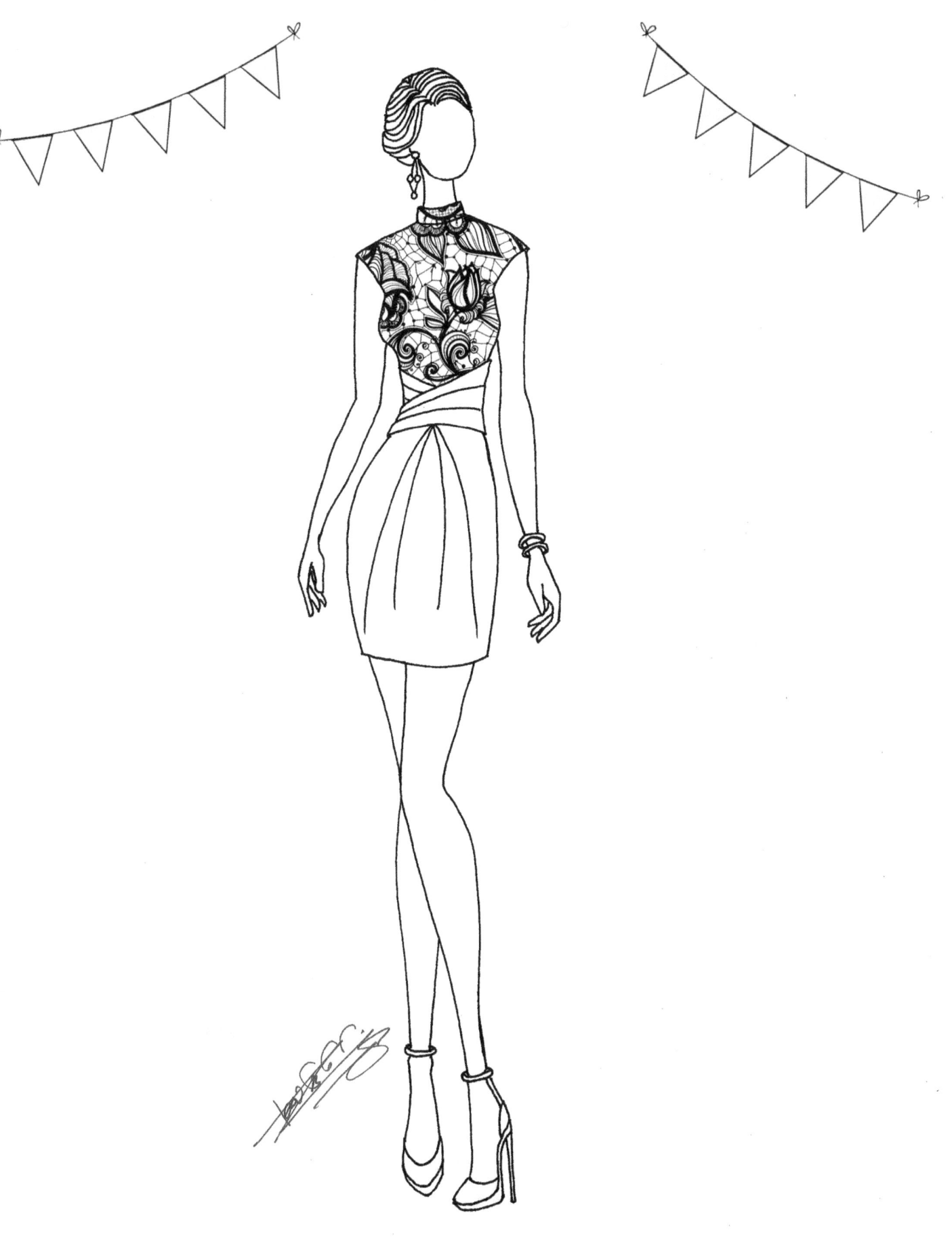

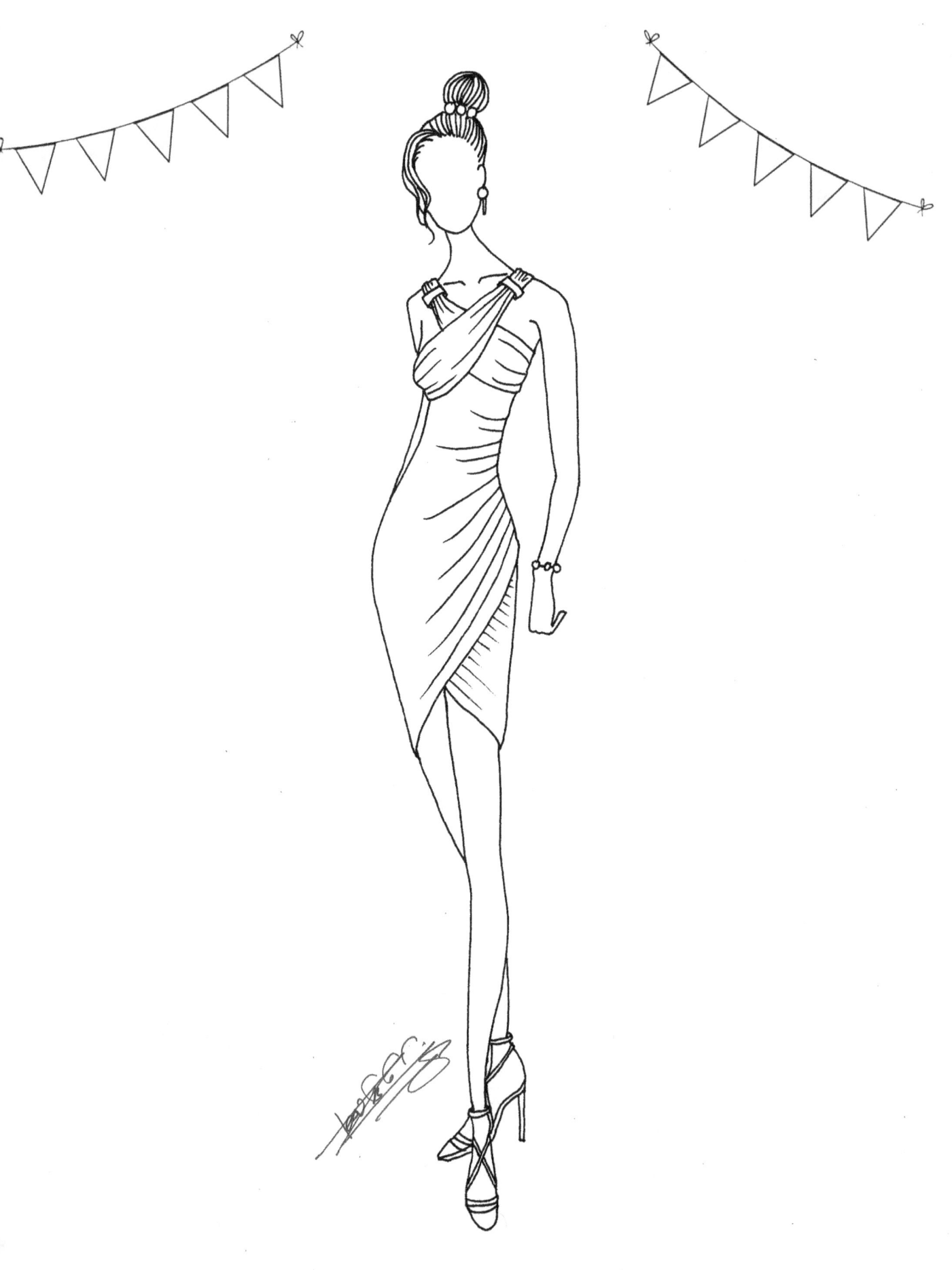

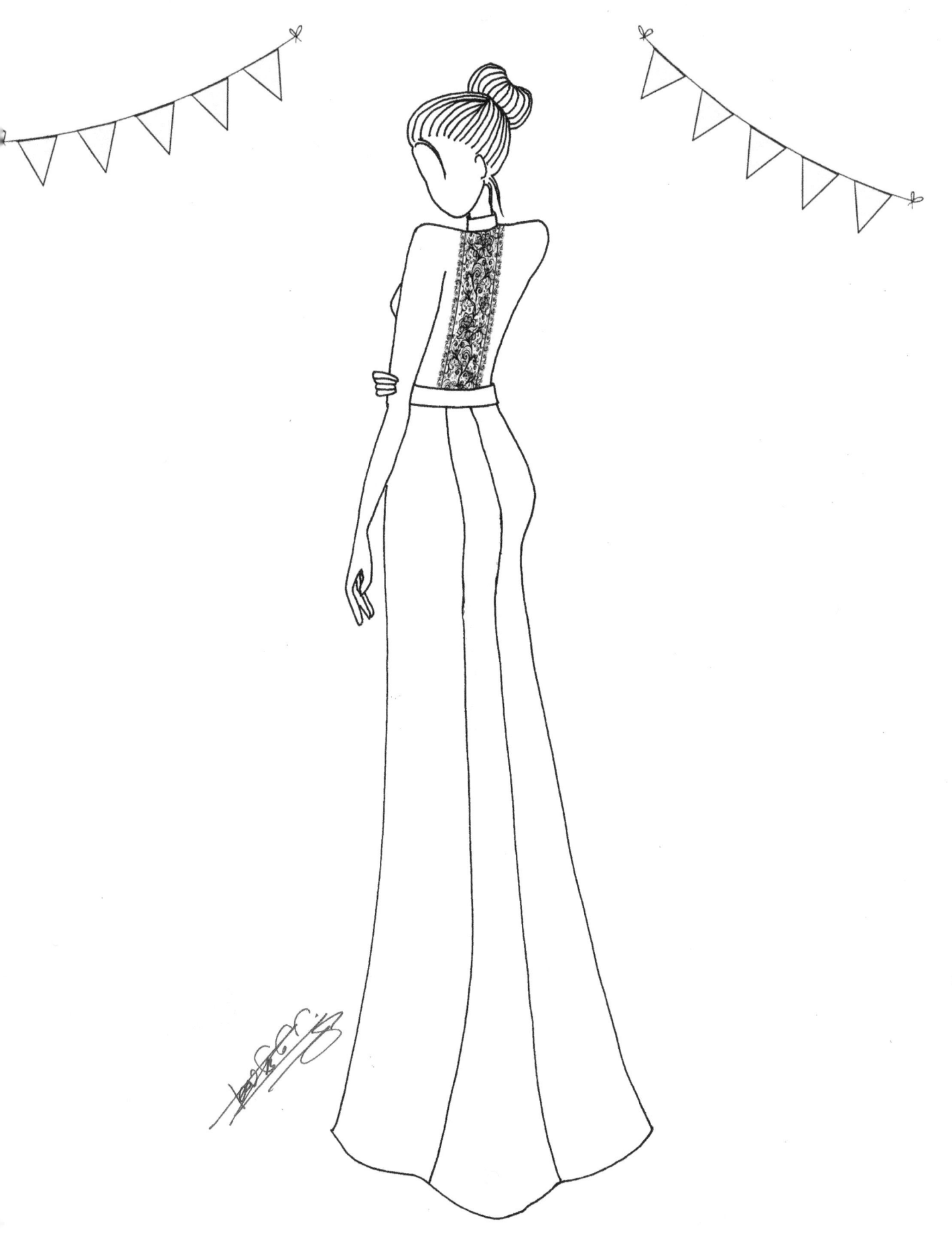

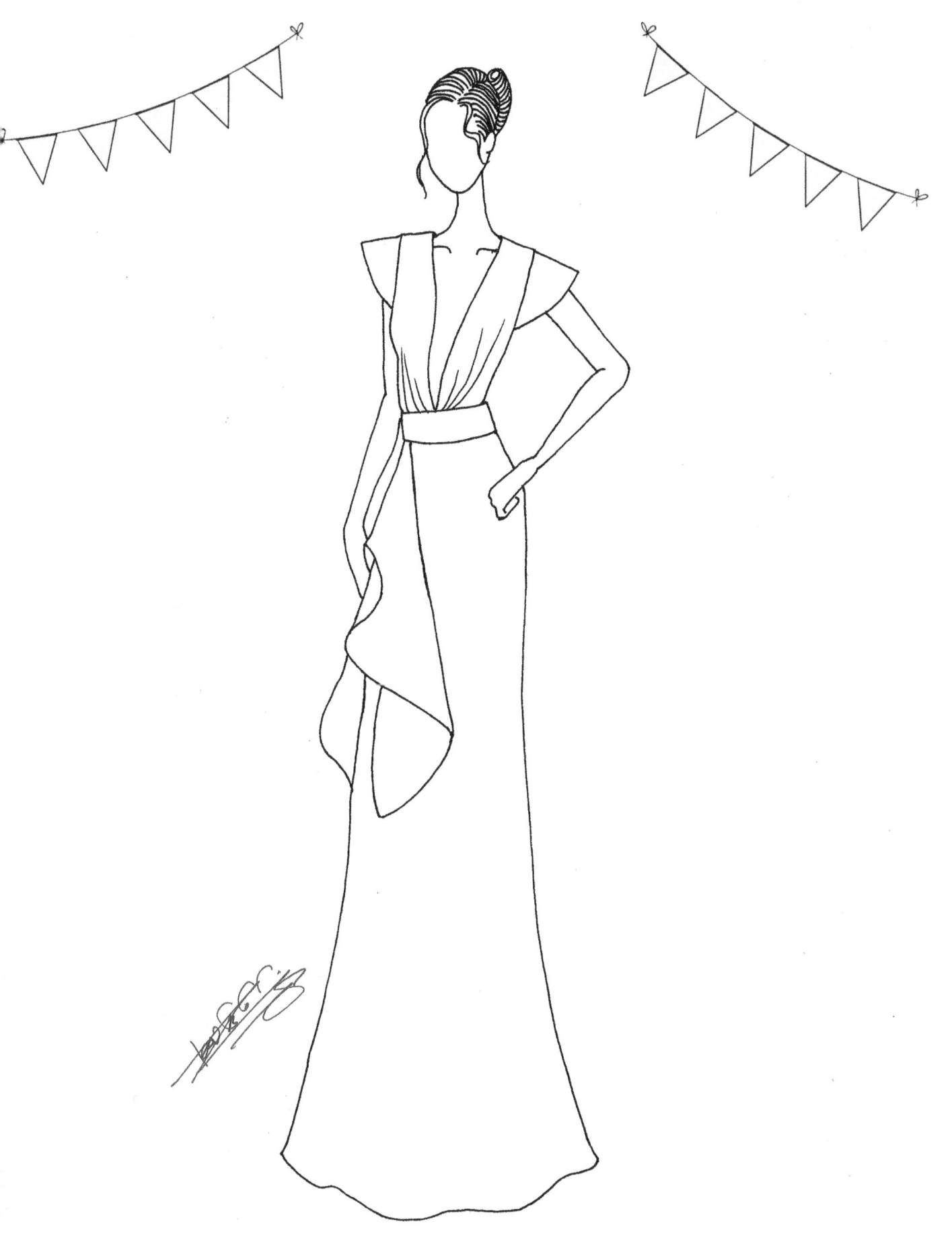

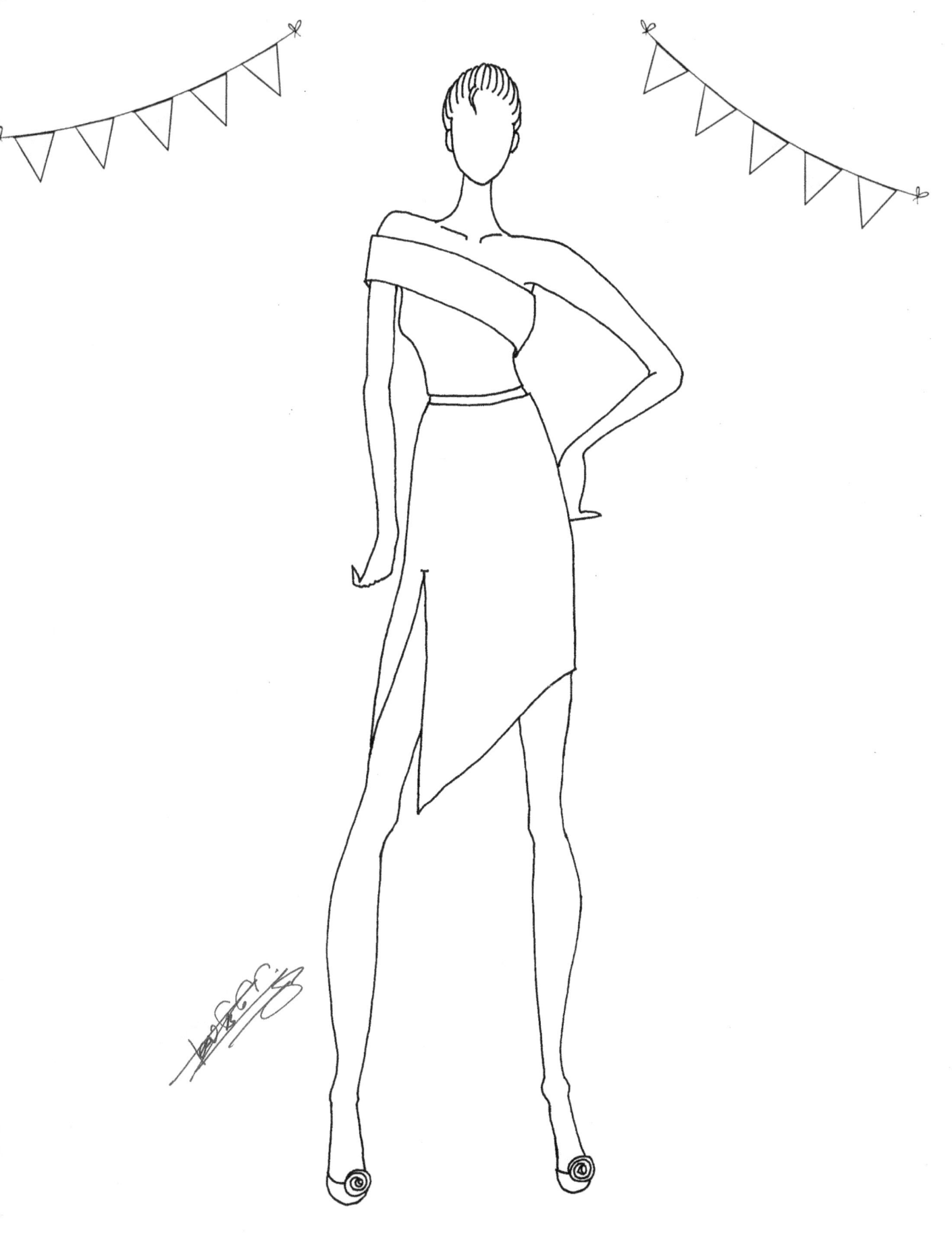

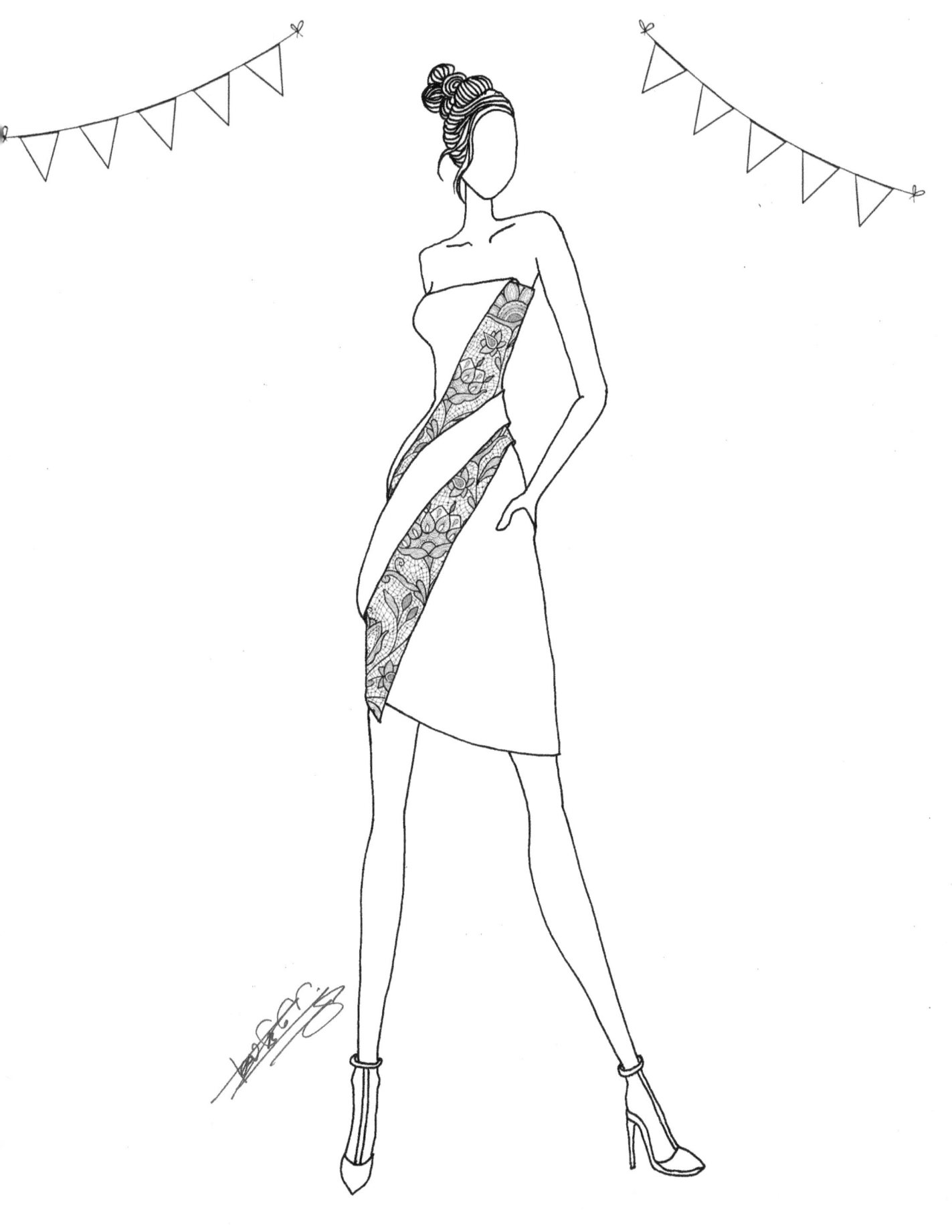

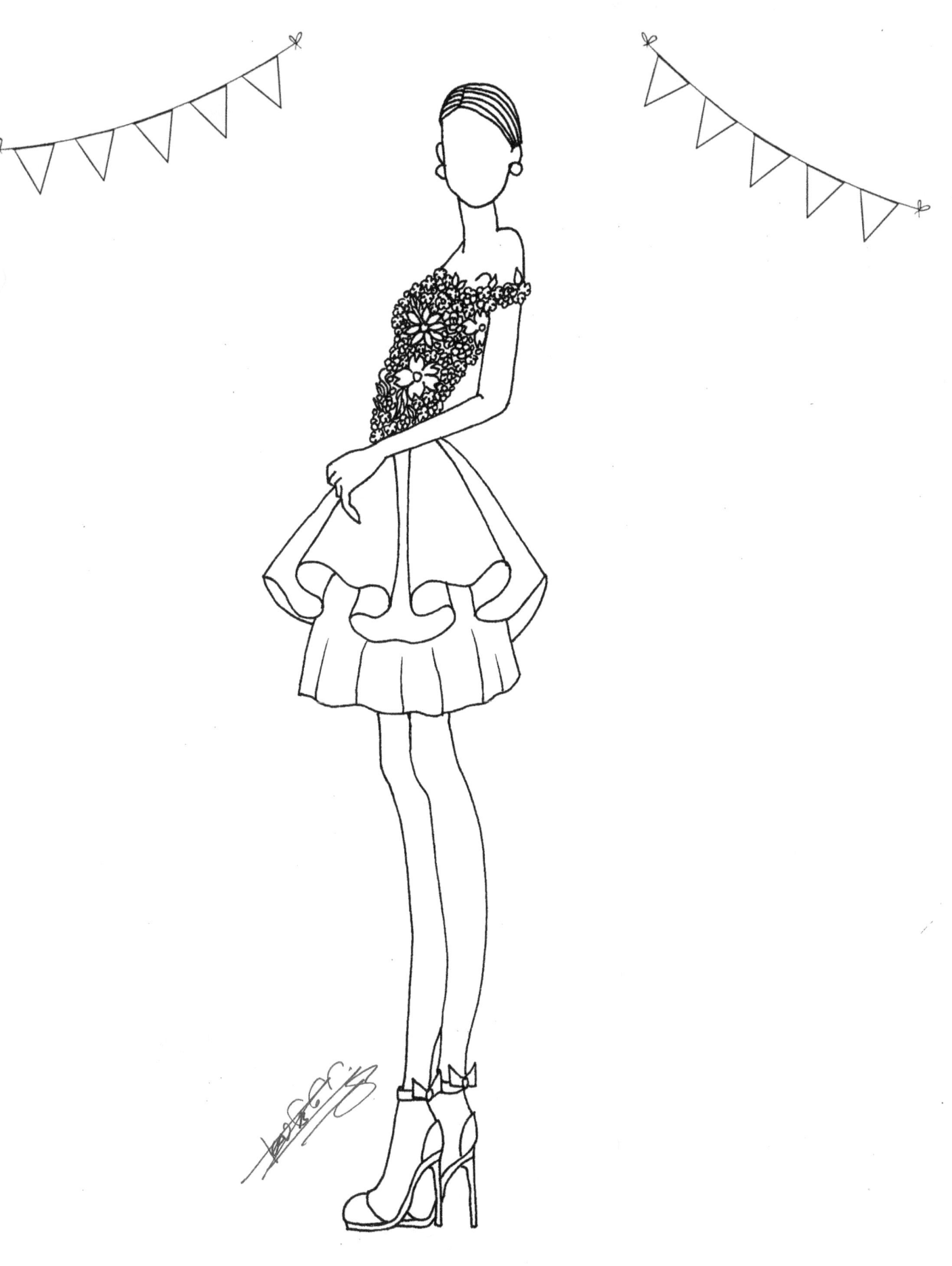

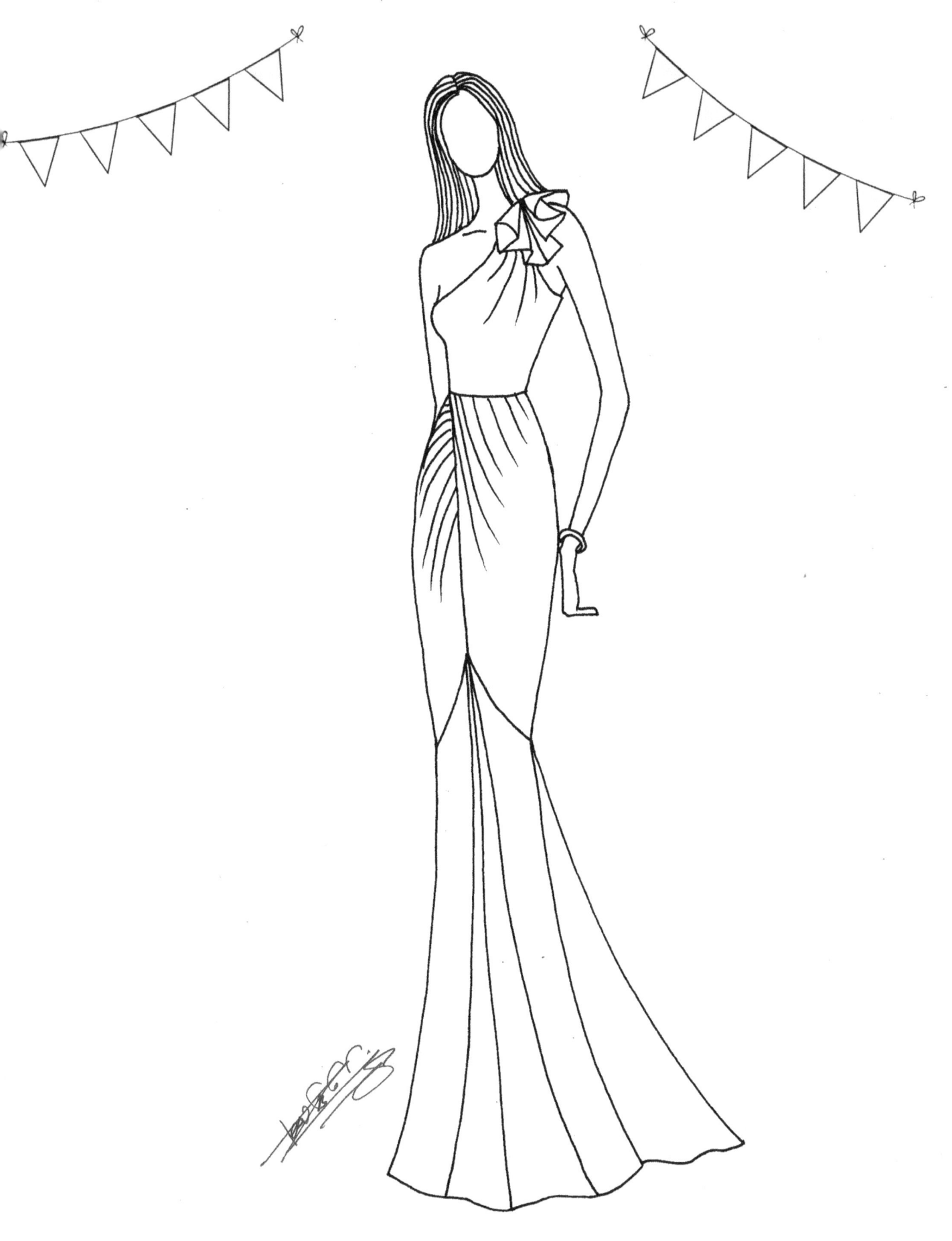

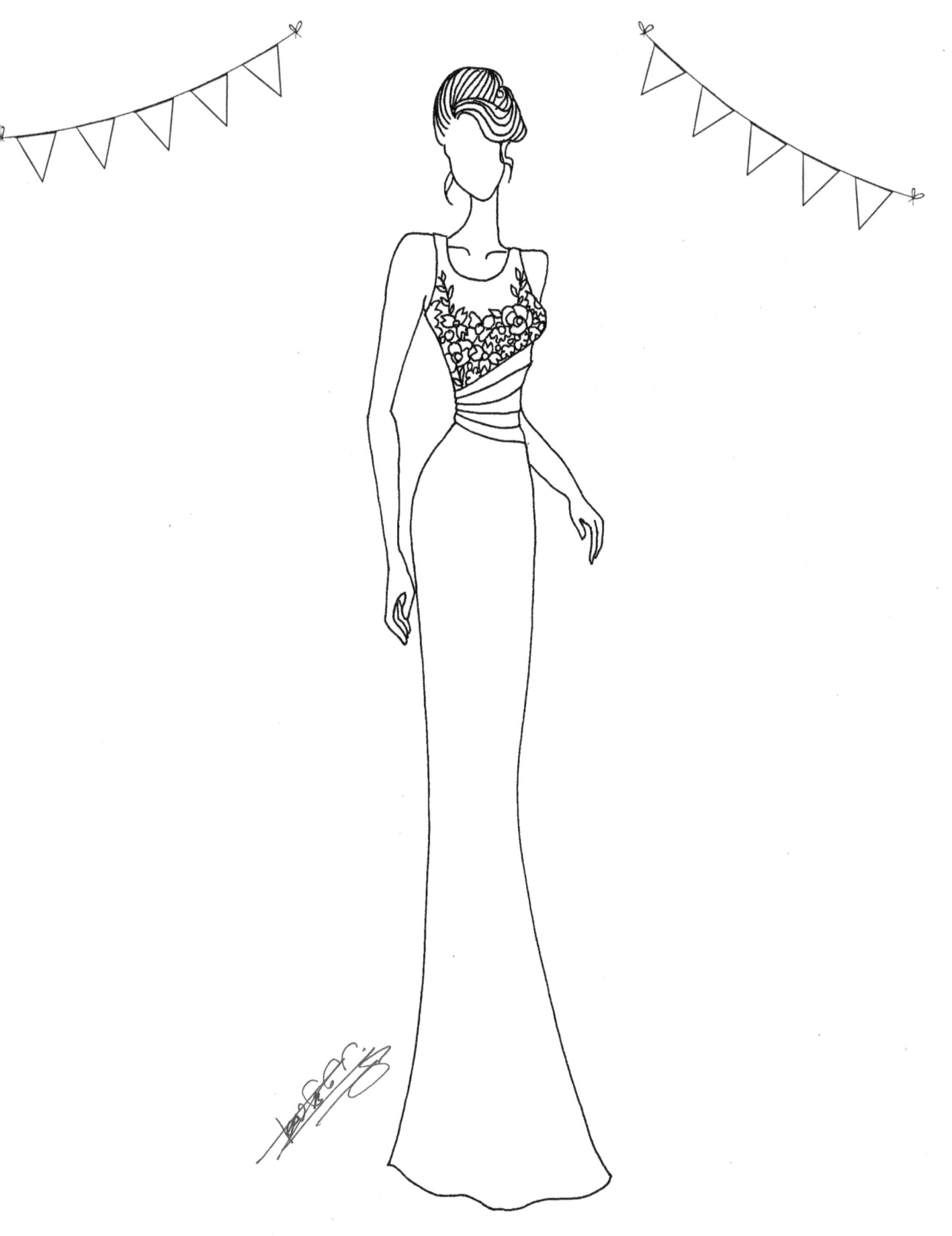

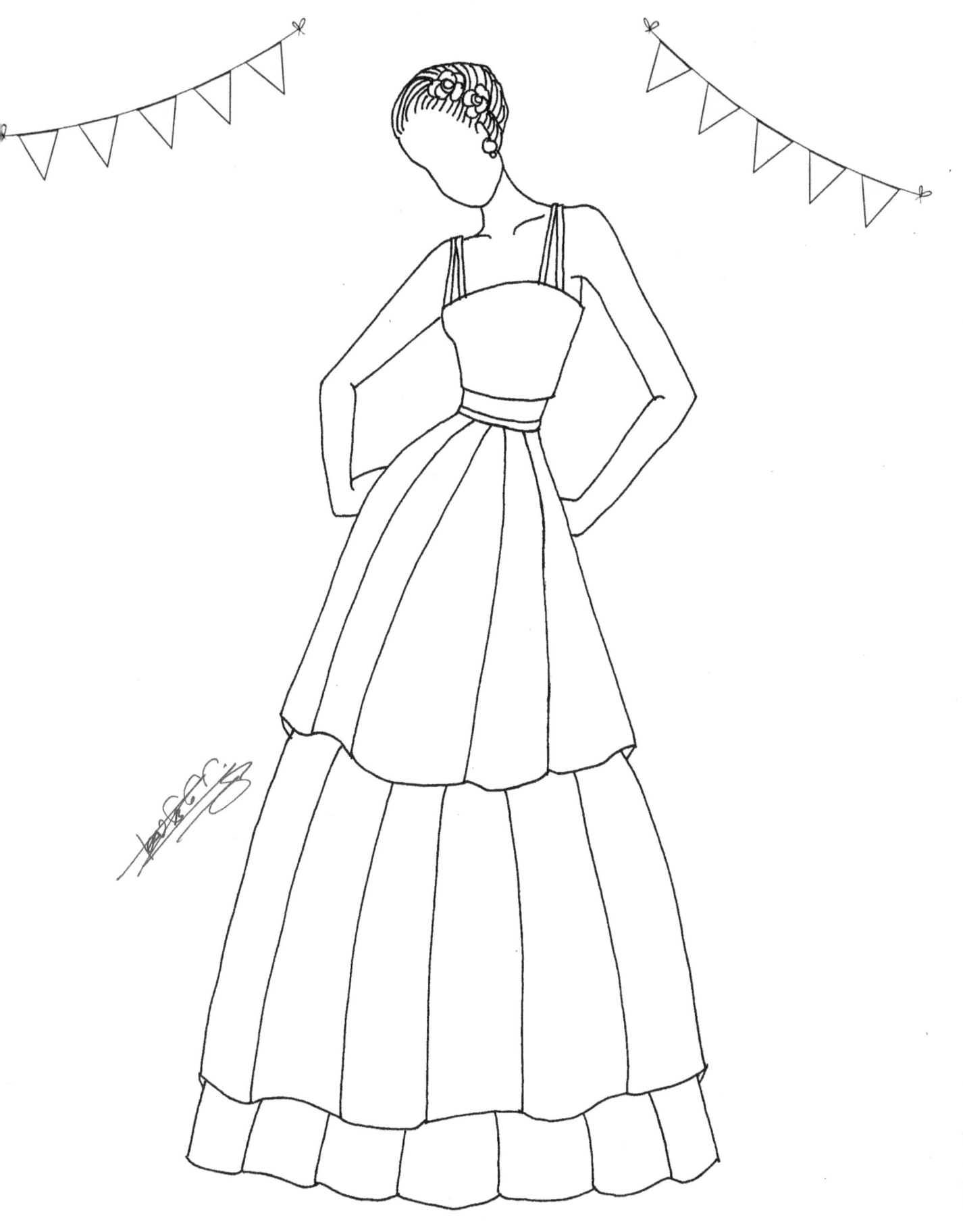

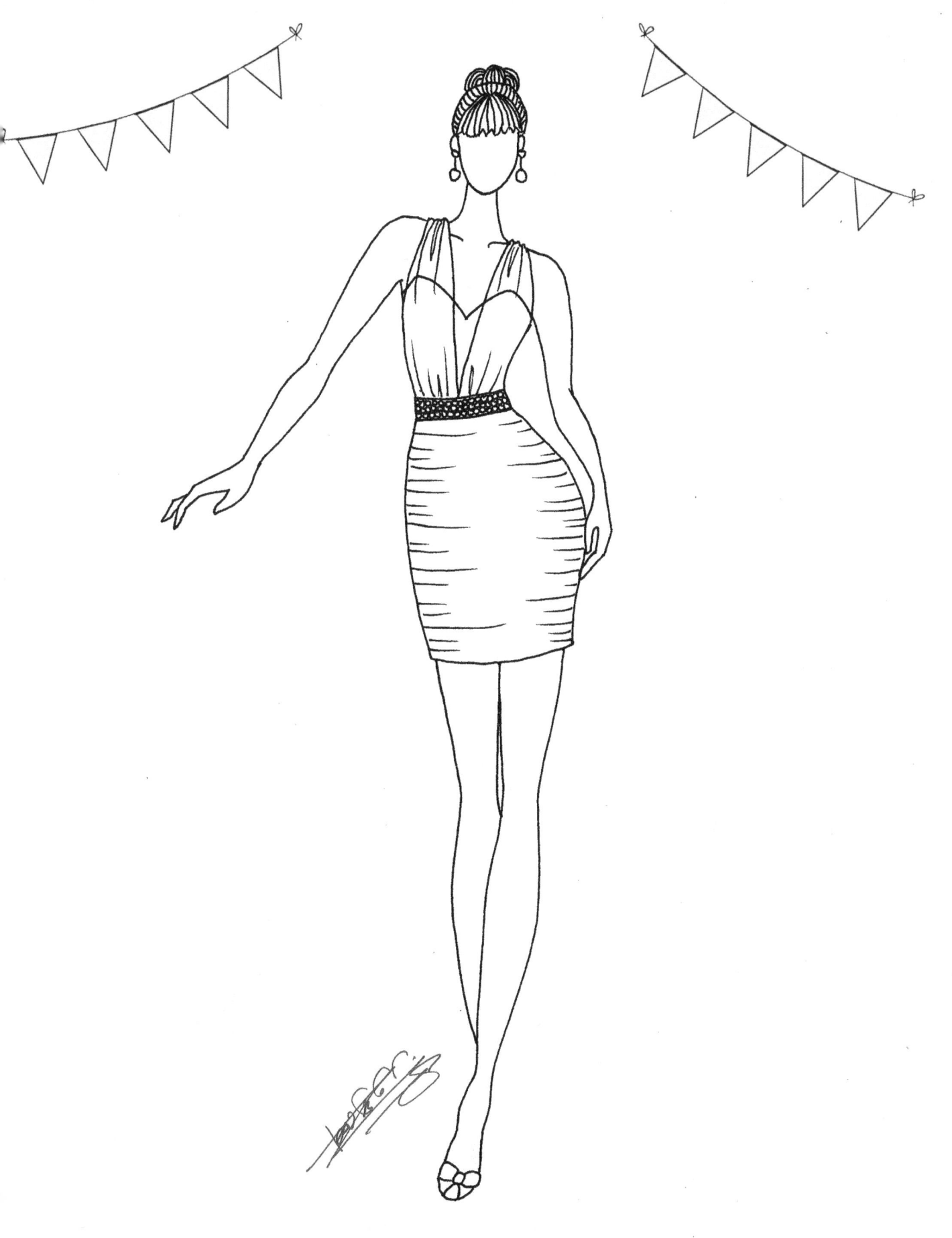

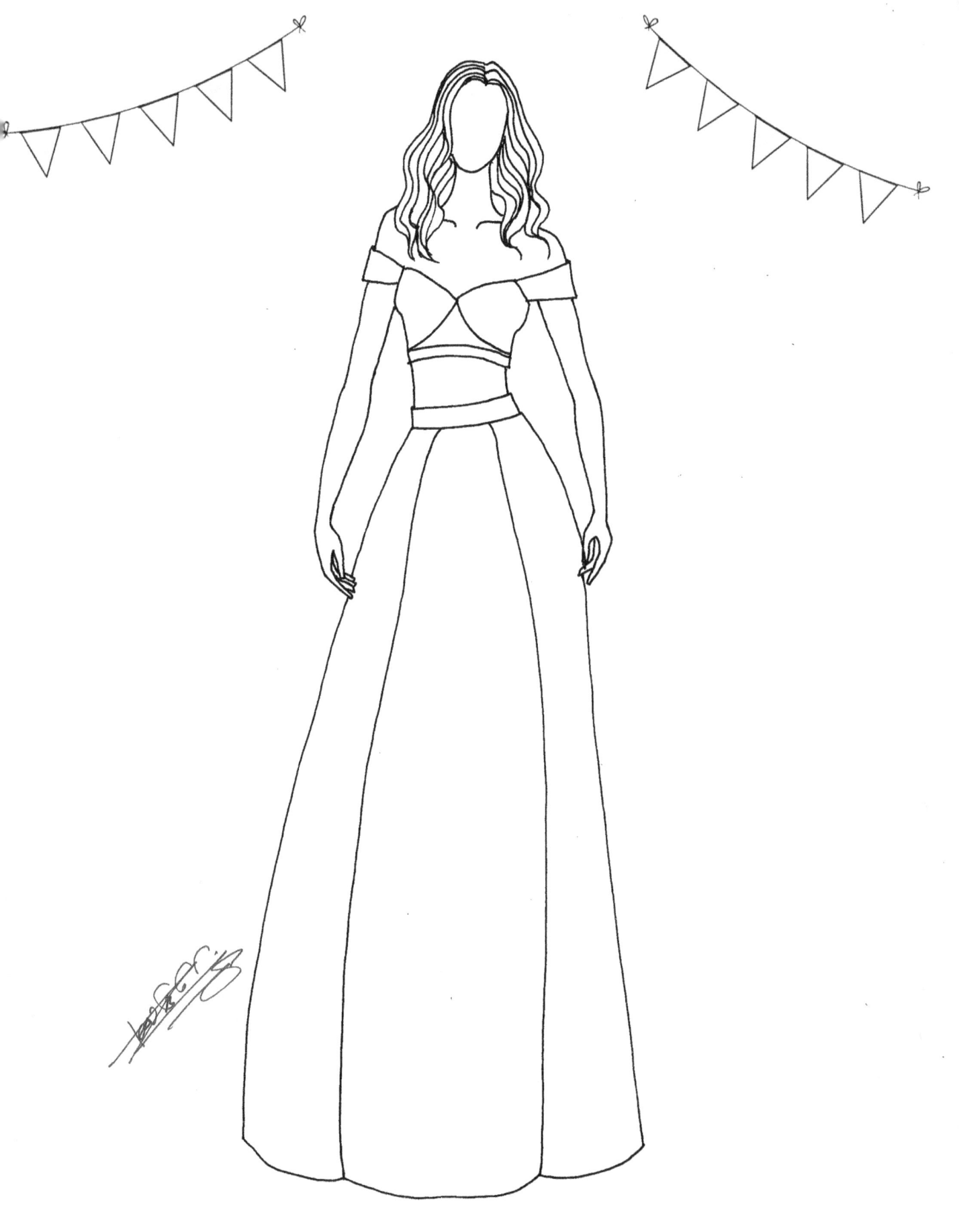

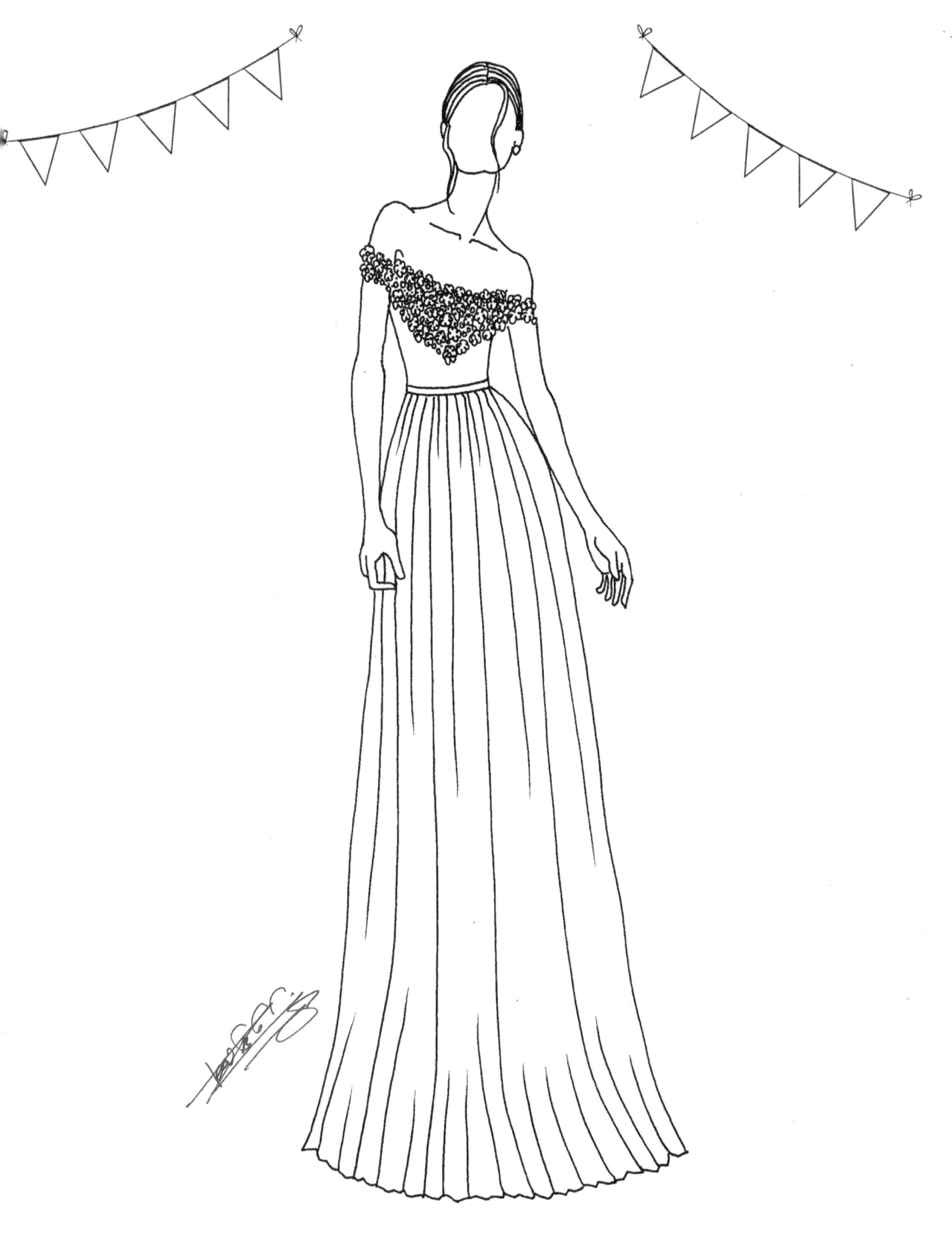

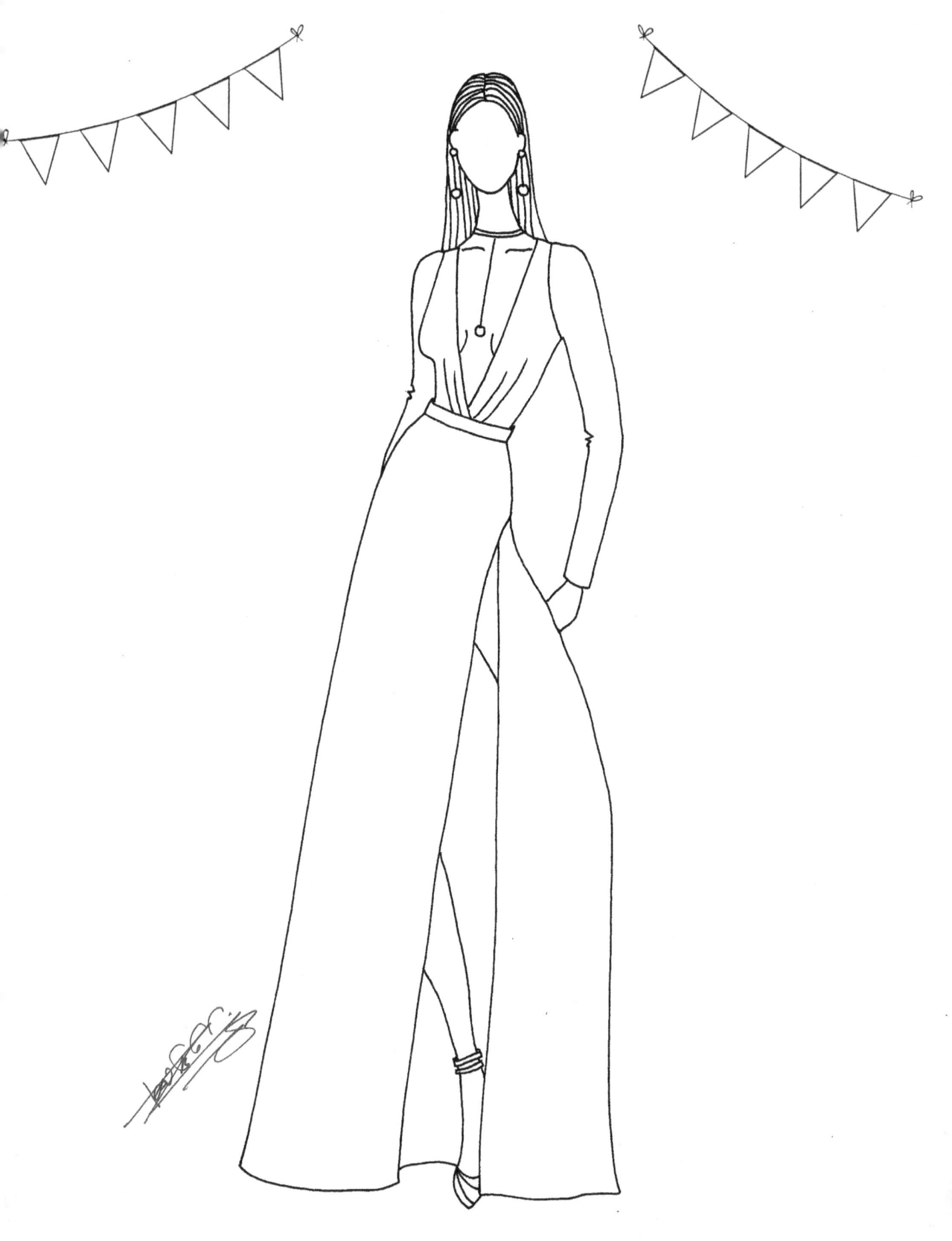

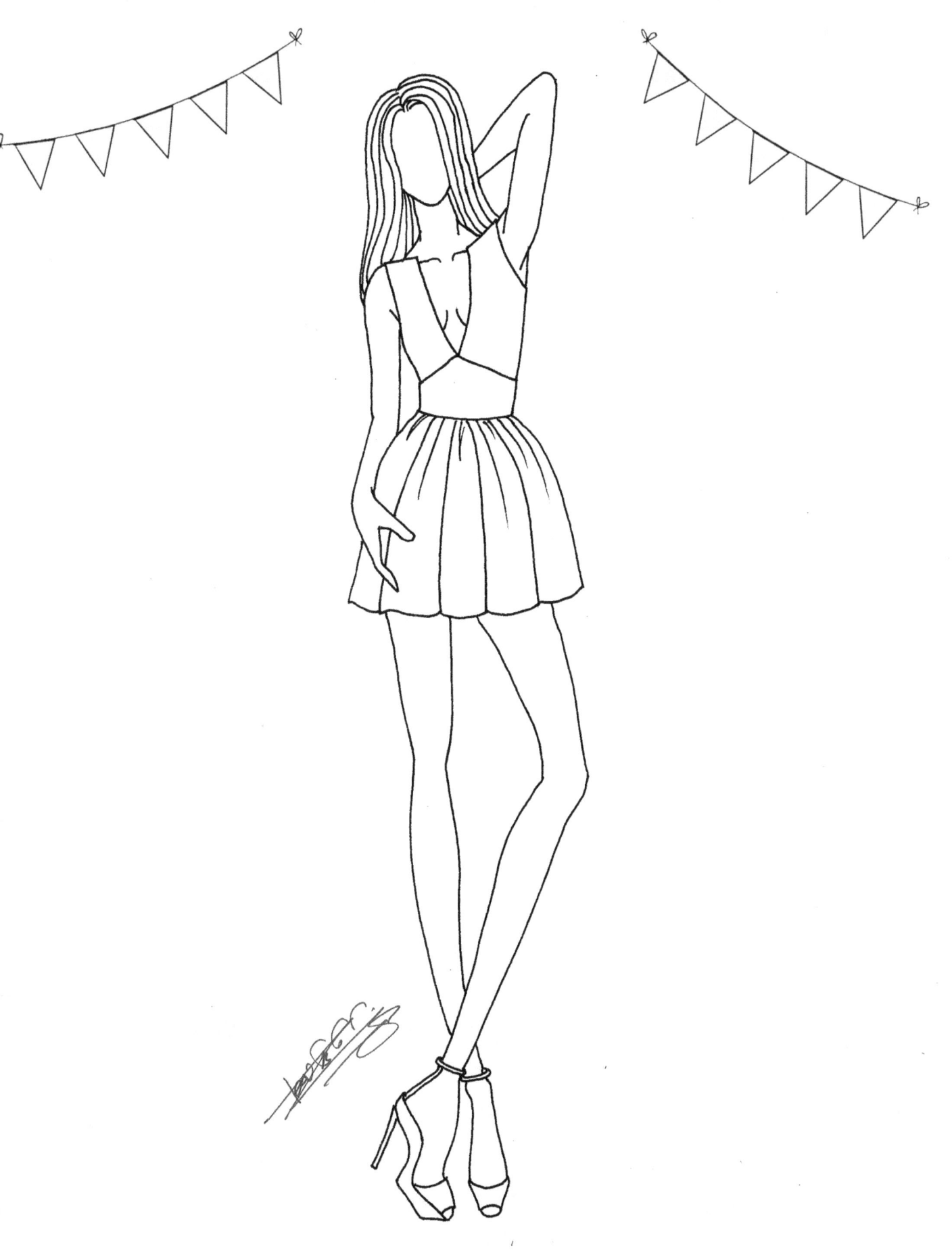

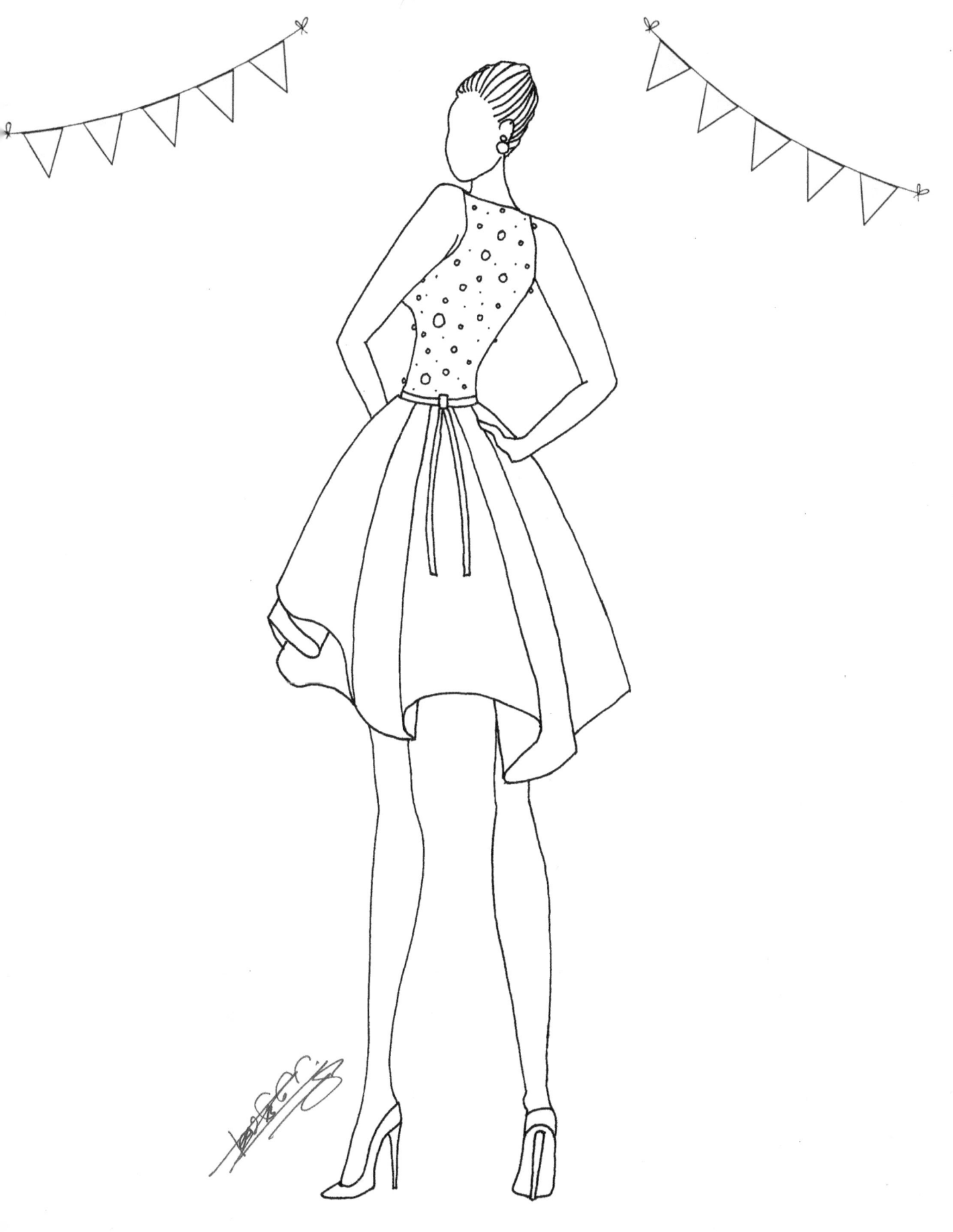

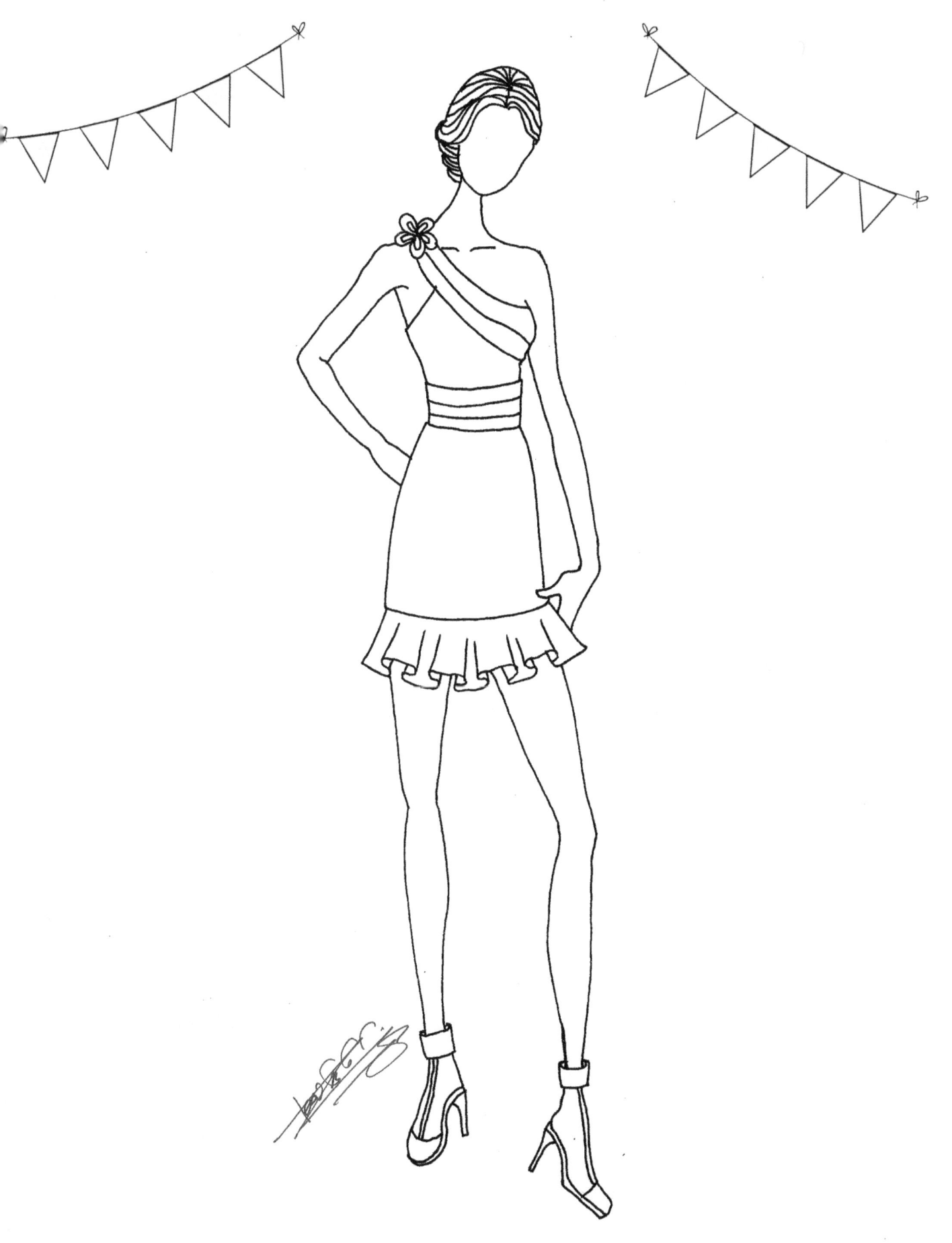

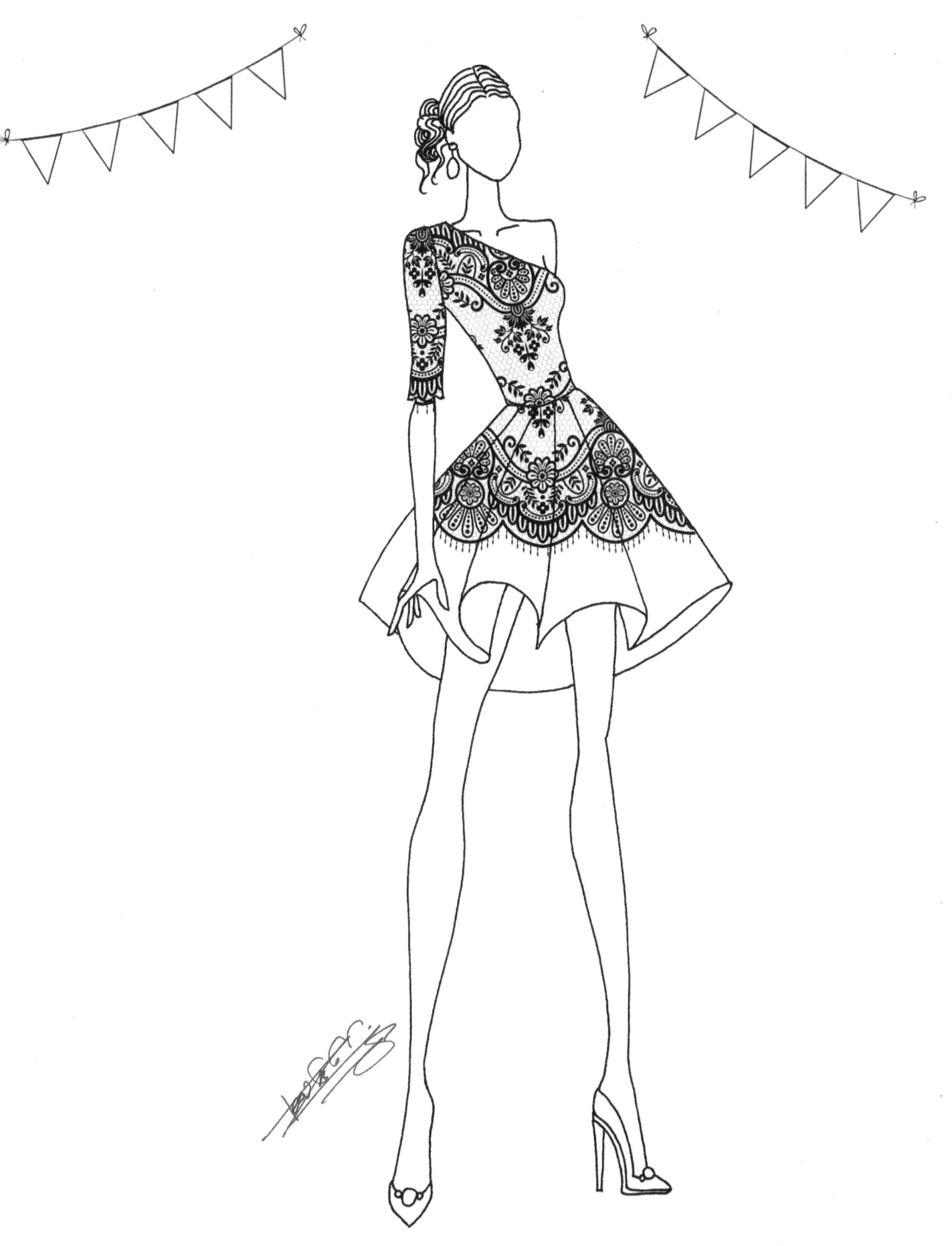

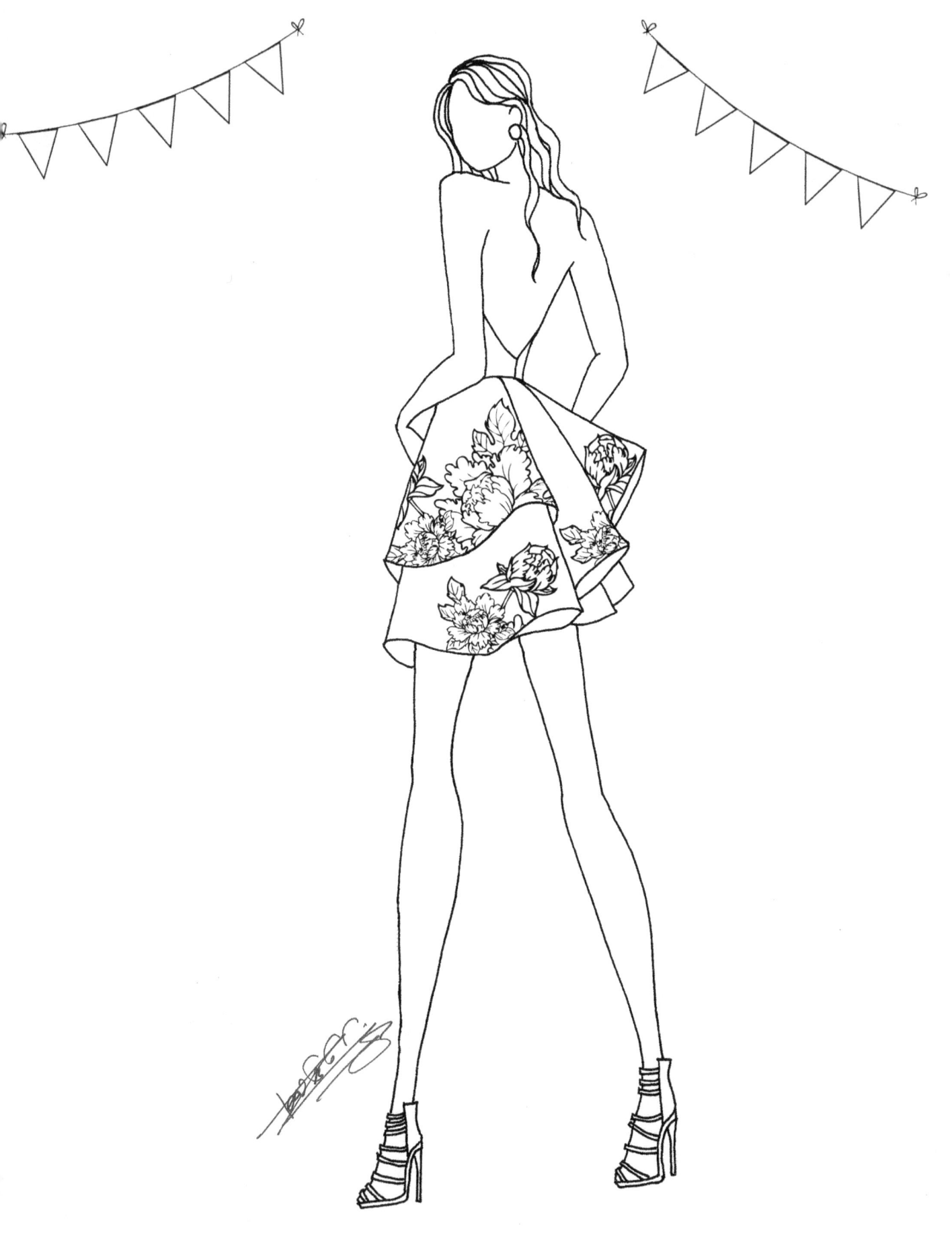

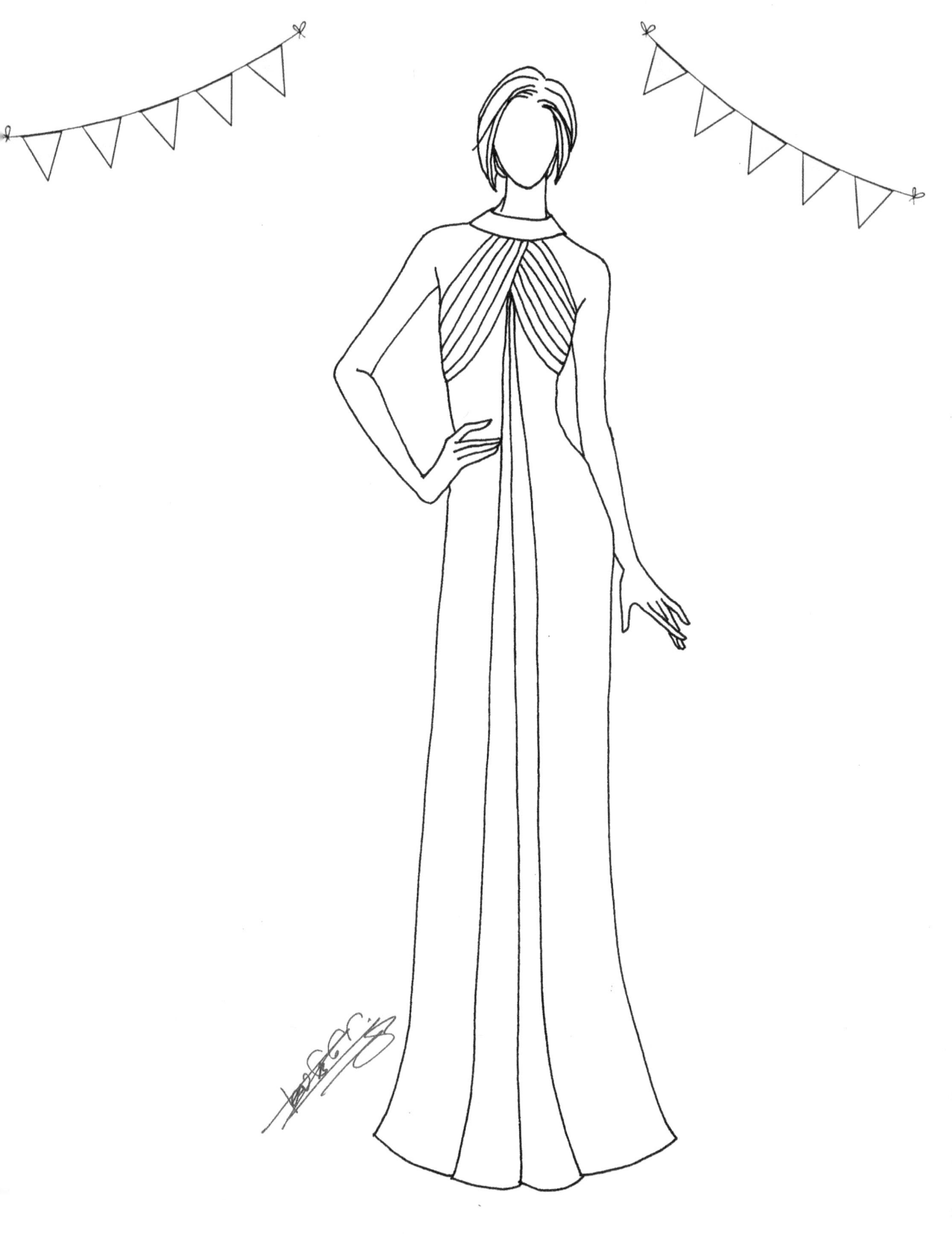

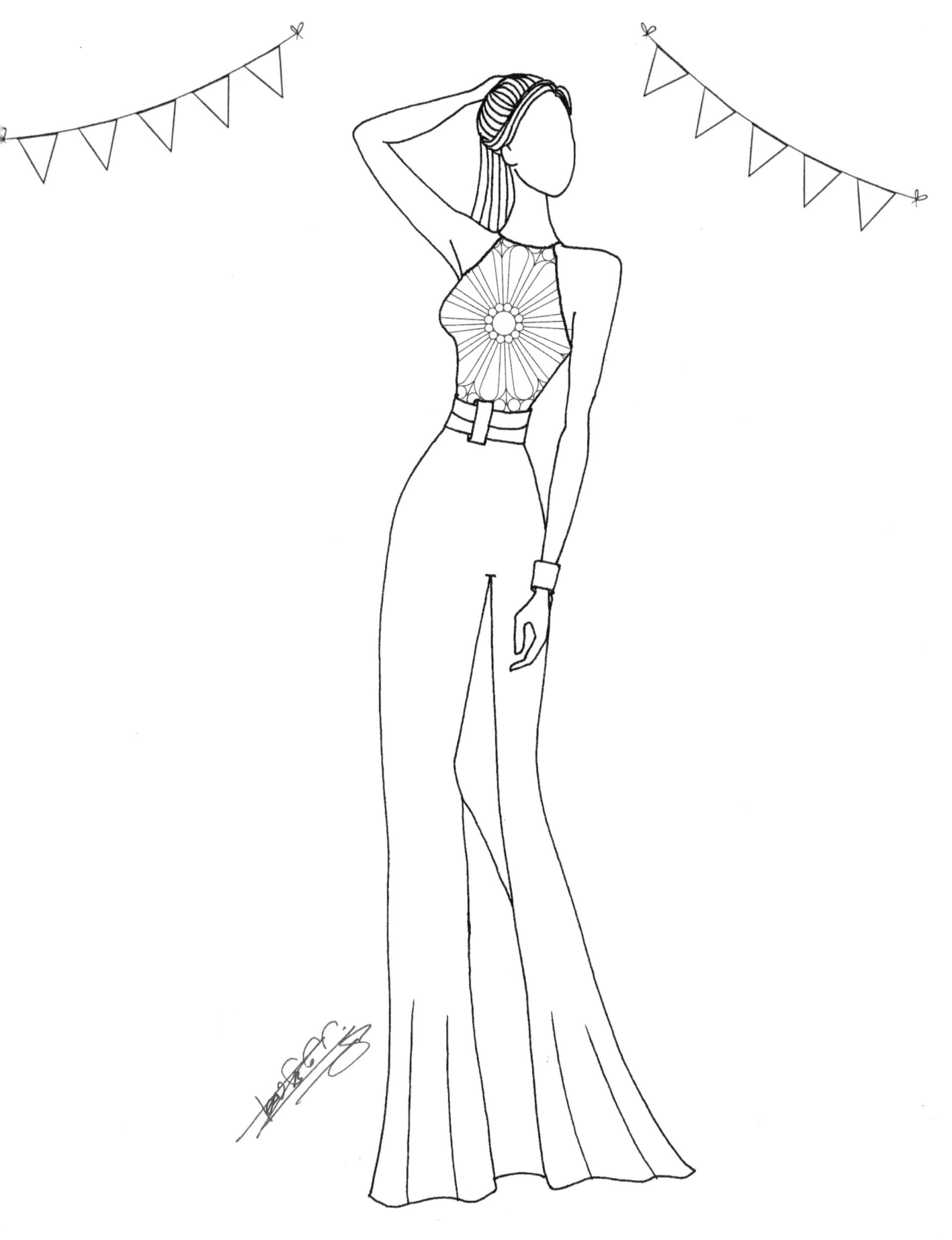

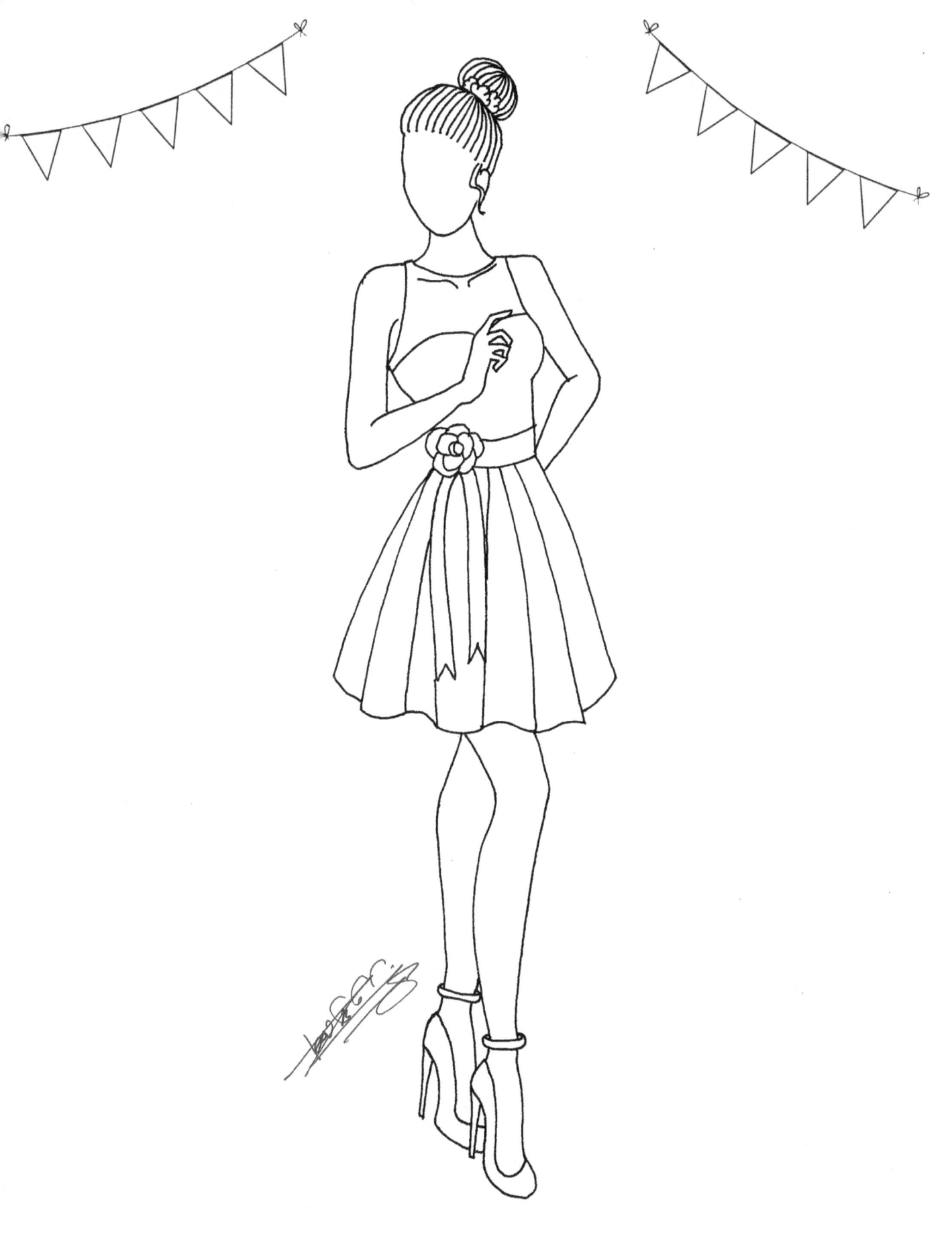

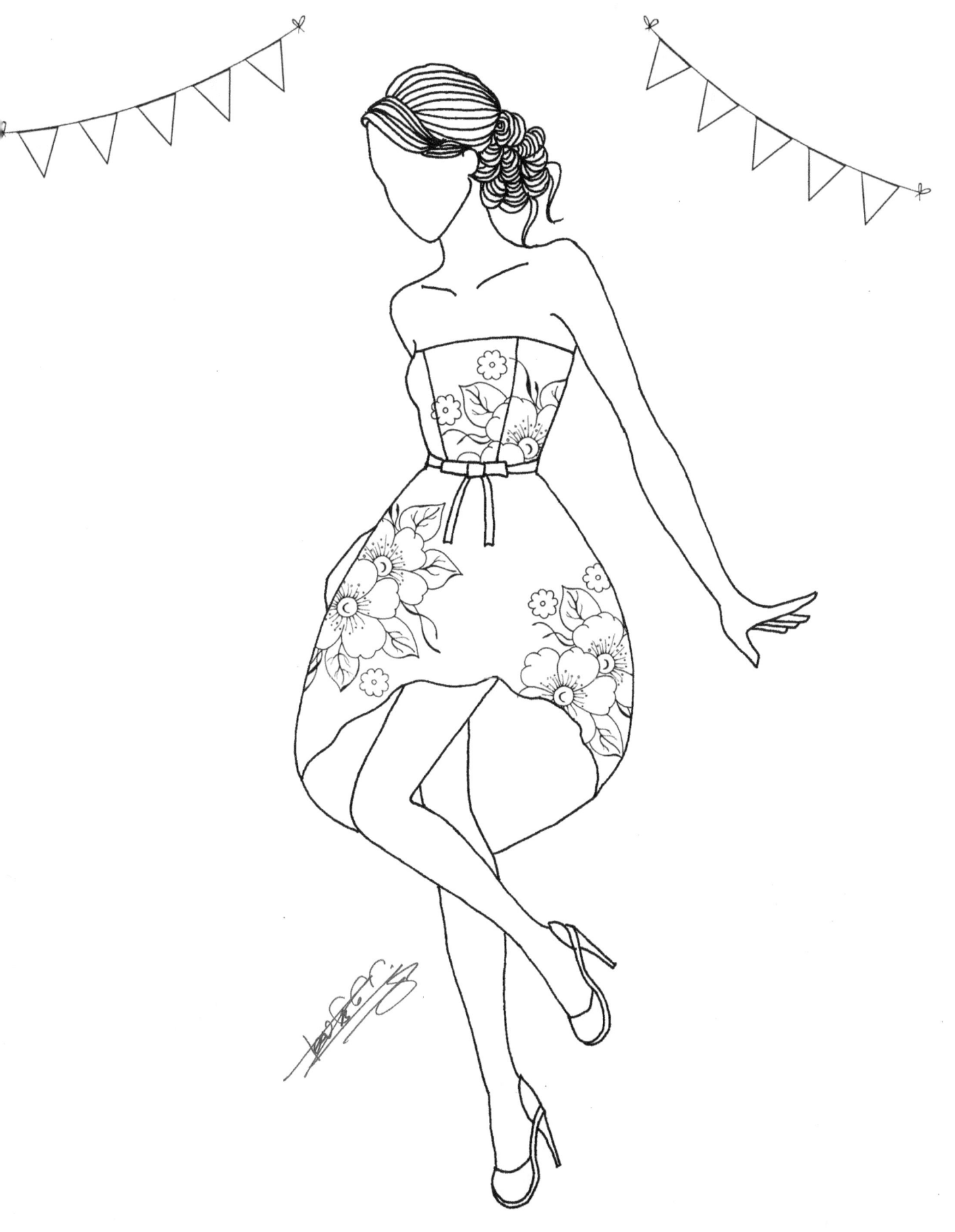

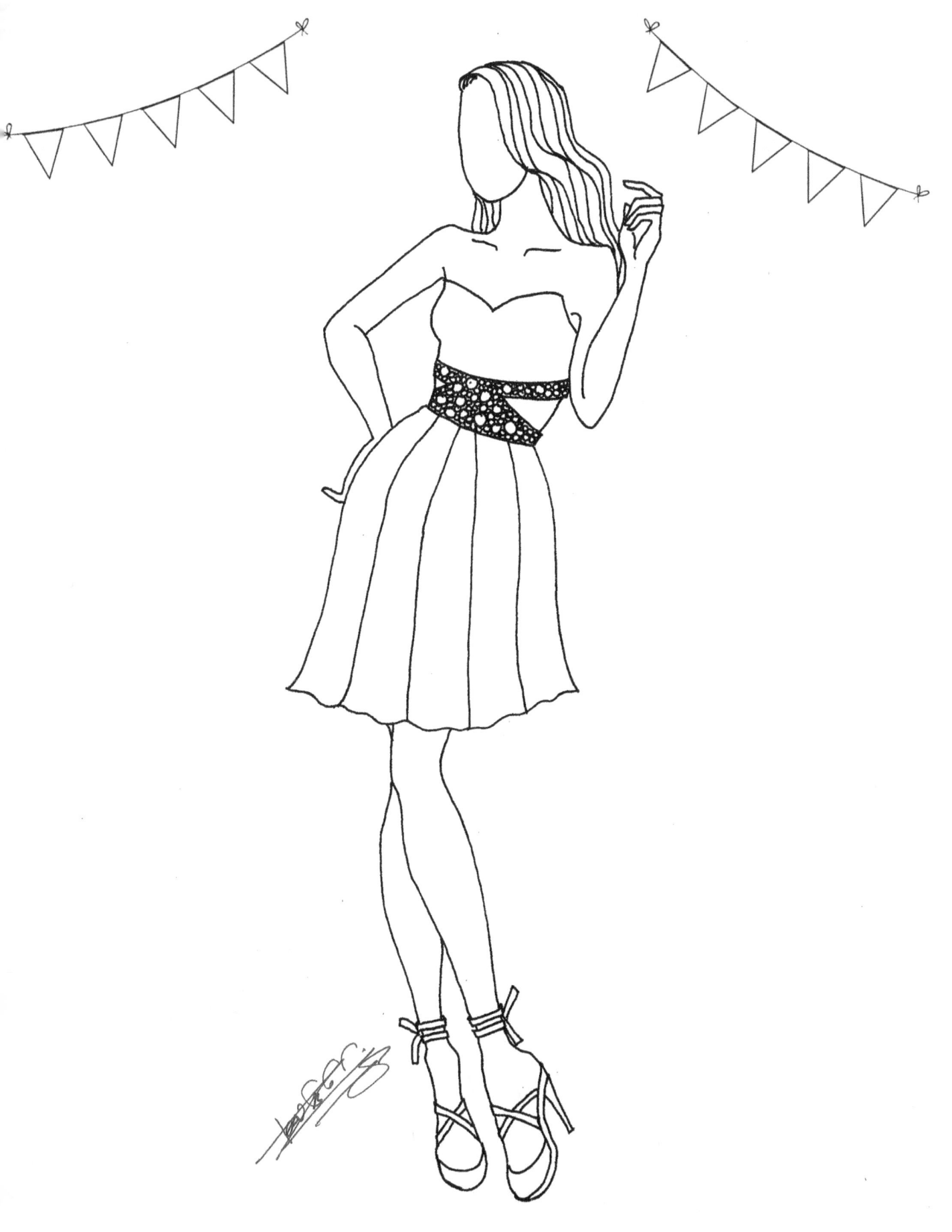

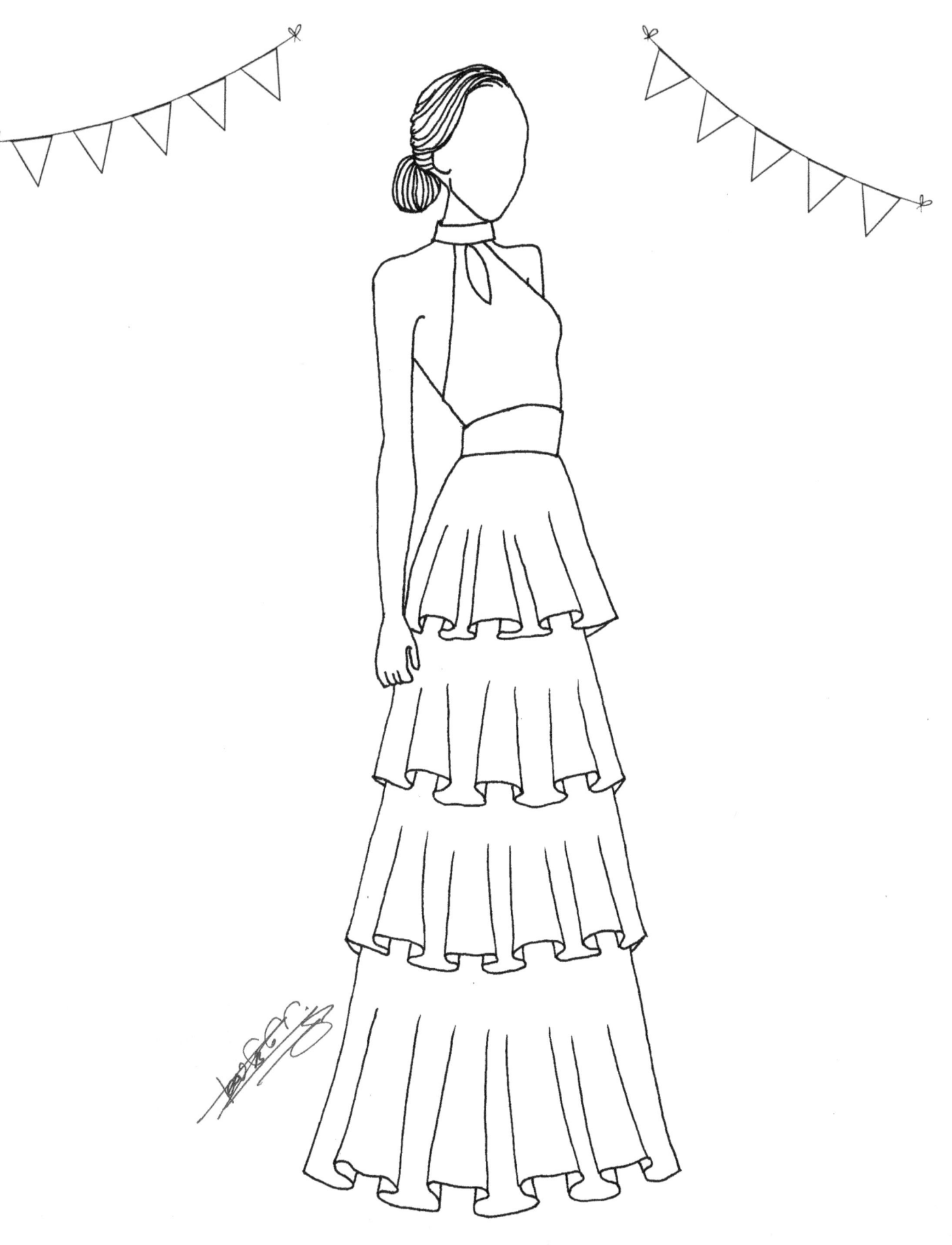

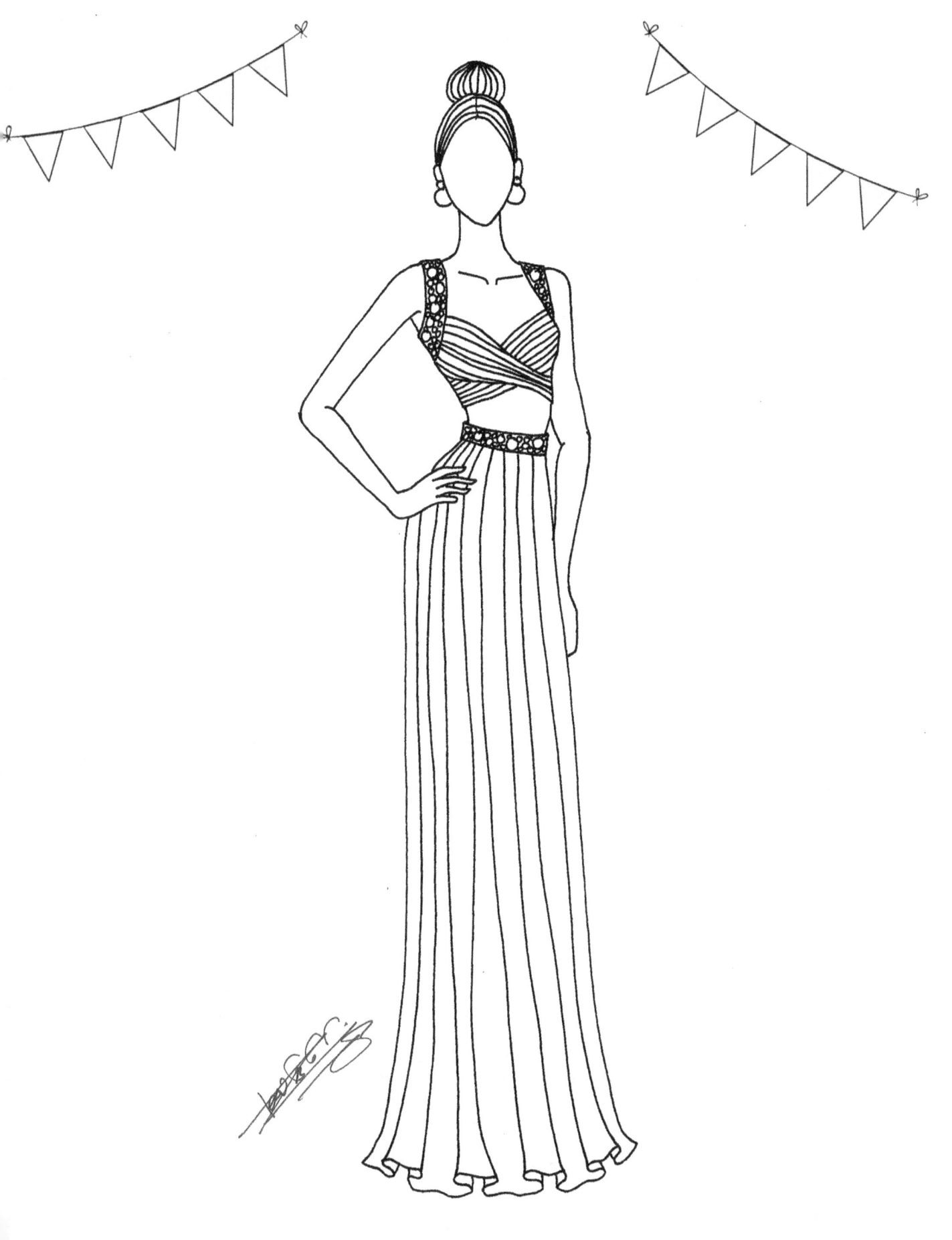

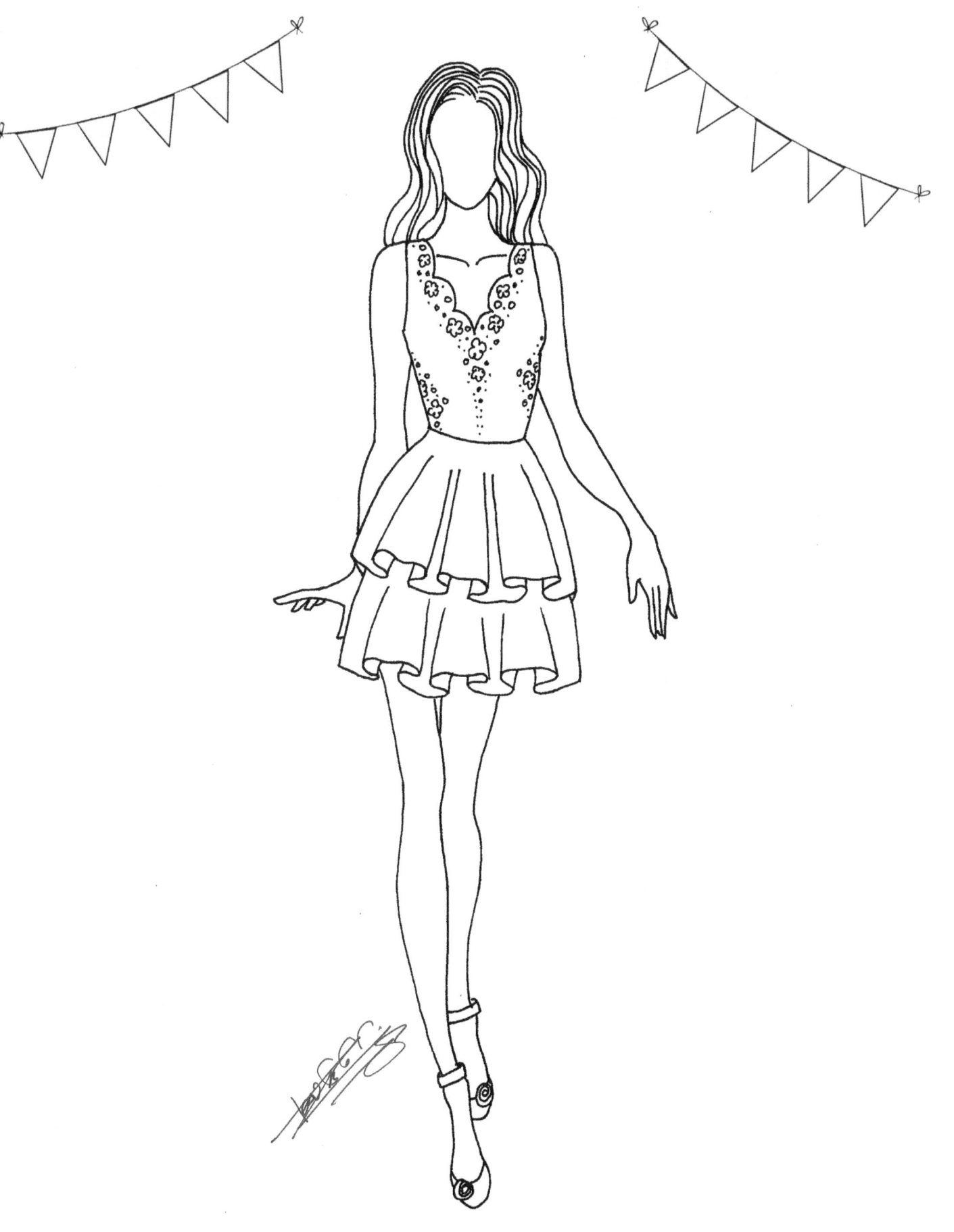

www.ingramcontent.com/pod-product-compliance
Lightning Source LLC
Chambersburg PA
CBHW082219220526
45470CB00010B/3227